ÉLOGE FUNÈBRE

DE

M. P. TENDRON

Chanoine honoraire, aumônier de la Retraite d'Angers

PRONONCÉ DANS LA CHAPELLE DE LA COMMUNAUTÉ

LE MARDI 17 OCTOBRE 1876

PAR

M. l'abbé SUBILEAU

CHANOINE HONORAIRE, SUPÉRIEUR DU PETIT-SÉMINAIRE MONGAZON

ET DE LA CONGRÉGATION DE LA RETRAITE.

ANGERS

E. BARASSÉ, IMP.-LIBRAIRE, RUE SAINT-LAUD, 83

Imprimeur de Mgr l'Évêque et du Clergé

1876

ÉLOGE FUNÈBRE

DE

M. P. TENDRON

Chanoine honoraire, aumônier de la Retraite d'Angers

PRONONCÉ DANS LA CHAPELLE DE LA COMMUNAUTÉ

LE MARDI 17 OCTOBRE 1876

PAR

M. l'abbé SUBILEAU

CHANOINE HONORAIRE, SUPÉRIEUR DU PETIT-SÉMINAIRE MONGAZON
ET DE LA CONGRÉGATION DE LA RETRAITE.

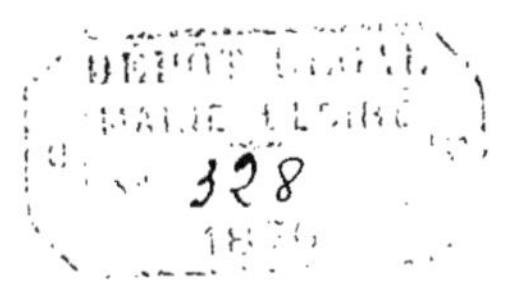

ANGERS

E. BARASSÉ, IMP.-LIBRAIRE, RUE SAINT-LAUD, 83

Imprimeur de Mgr l'Évêque et du Clergé.

1876

In fide et lenitate ipsius sanctum fecit illum.

Dieu l'a sanctifié par l'esprit de foi et par la douceur.

(ECCLI., XLV-4.)

MESSIEURS, MES SŒURS, MES CHÈRES ENFANTS,

Ces paroles de nos Livres sacrés se sont présentées d'elles-mêmes dès que j'ai songé à tracer l'éloge du prêtre vénéré que nous pleurons. Il m'a semblé qu'elles s'imposaient à mon choix. *La foi et la douceur*, voilà bien, en effet, les traits saillants de sa belle vie, à ce point que nous ne pouvons penser à lui sans que ces deux vertus nous apparaissent, pour ainsi dire, et se confondent avec sa propre image.

Douce image, qui rappelle la bonté du Sauveur! Elle vivra toujours dans nos cœurs entourée d'un religieux respect. Elle nous représentera ce vrai prêtre tel que nous le voyions dans ces dernières années, avec la double couronne de la vieillesse et de la vertu. Elle nous montrera cette tête courbée vers la terre, moins par le poids des années que par les saintes délicatesses de la modestie et par l'habitude constante de l'union avec Jésus-Christ; ce front où se réflétait sa belle âme; ces yeux où se peignait tant de bienveillance; enfin ces lèvres toujours souriantes et qui ne s'ouvraient qu'à des paroles de paix et de suavité. Son nom reviendra souvent à notre mémoire, et il sera pour nous comme *une prédication de piété* (1). Chaque fois que nous franchirons le seuil de cette maison, d'instinct nous nous tournerons vers l'humble demeure qui l'abrita si longtemps, espérant, en vain, hélas! y rencontrer le bon vieillard!

Or, de ce souvenir si vivant il y a deux vertus qui demeureront inséparables : *l'esprit de foi et la douceur.* Visiblement, ce qui *l'a sanctifié,* c'est la pratique de ces vertus à un rare degré. *In fide et lenitate ipsius sanctum fecit illum.* Et, ce qui n'est pas moins clair, c'est à l'aide de ces mêmes vertus qu'il a sanctifié les âmes. Principes de sainteté pour lui-même, elles ont été entre ses mains des instruments de sanctification pour les autres. — Tel est le fond et le partage de cet éloge consacré à la mémoire de M. Pierre Tendron, chanoine honoraire, aumônier de la Maison-Mère de la Retraite d'Angers.

Il faudrait un saint pour louer celui que la voix publique, depuis bien des années, qualifie de saint; pour mettre dans son vrai jour cette vie exemplaire et en dégager les parfums d'édification qu'elle renferme. — Je sens tout ce qui me manque. Et cependant, je ne le cache pas, c'est avec un vrai bonheur que j'ai entrepris cette tâche. — Il m'est si doux de déposer sur cette tombe vénérée, en mon nom et au vôtre, mes chères Sœurs et mes chères Enfants, l'hommage, si faible soit-il, de la reconnaissance! Ce que M. Tendron a été pour vous, chacun le sait, et je le redirai bientôt. Pour moi, il m'a aimé comme un père aime son fils; il a été, pendant de longues années, le guide de mon âme, et il m'a fait cet honneur de me confier et de m'ouvrir la sienne, au moment où elle achevait de se purifier et de s'embellir. D'ailleurs il n'aura pas à souffrir de mon insuffisance. Son éloge est dans toutes les âmes, et il y retentit avec une éloquence auprès de laquelle toute parole ne peut que languir.

---

(1) Saint Jean-Chrys., *Éloge de saint Mélèce.*

I.

Tout a été petit et obscur, selon le monde, dans la vie que nous allons raconter, sauf peut-être les dernières années sur lesquelles la vénération publique a jeté quelques rayons. Pour ma part, je m'en félicite. Les éloges bruyants que nous entendons tous les jours, s'adressent d'ordinaire à des hommes placés en vue, à des actions éclatantes. Vie cachée et modeste, coulant sous le regard de Dieu seul; vie où il n'y a de grand que la pureté d'intention et une fidélité inviolable au devoir, un prêtre doit se trouver heureux de vous glorifier. Vous êtes seule à la portée du grand nombre; plus exempte des tentations de la vanité, vous êtes plus pure et vous obtenez les meilleures récompenses d'un Dieu qui se complaît avec les humbles.

M. Tendron naquit à Baugé, en 1794. Ses parents, simples ouvriers, n'avaient, aux yeux du monde, aucun titre qui attirât l'attention. Dieu en jugeait autrement, car il voyait en eux des âmes droites et fidèles à la grâce; il distinguait dans la mère une probité scrupuleuse s'alarmant à l'ombre même du moindre gain illicite, et chez le père une patience qui devait plus tard être un exemple et un stimulant pour son fils, au milieu des souffrances. — Dieu récompensa ces vertus d'une manière digne de lui. — Comment ? En appelant leur fils à la dignité incomparable du sacerdoce. Telle est, on le sait, l'ordinaire conduite de Dieu. C'est dans les familles déshéritées des biens terrestres, riches seulement en probité et en foi naïve, qu'il daigne le plus souvent choisir ses ministres. Soyez béni, mon Dieu, d'avoir tenu cette conduite à l'égard de cet enfant. Soyez béni d'avoir agi de même en faveur de tant d'autres. Ah! mes yeux se mouillent de larmes, en songeant à ces enfants et à ces familles. Car quelle bénédiction pour ces enfants! Et du même coup quelle récompense pour ces familles! Les parents chrétiens le sentent bien, le jour où, vieux déjà, il leur est donné de voir leur fils monter pour la première fois au saint autel et y commencer ce *memento* où leurs noms, vivants ou morts, seront toujours prononcés!

Presque toujours c'est le prêtre qui suscite le prêtre. Les germes de vocation sont répandus en abondance, principalement dans les paroisses où la foi est en honneur. Mais ces germes, pour éclore, pour grandir, et se couronner enfin de la fleur céleste du sacerdoce, ont besoin d'être discernés, fécondés, entourés de protection. C'est une des œuvres les plus méritoires du prêtre. Qui l'ignore? Rien ne réjouirait les ennemis de l'Eglise comme de voir s'arrêter le recrutement du sacerdoce. Hélas! cette joie leur est donnée, même en certaines contrées de notre France! — A l'époque dont nous parlons, cette œuvre était plus que jamais nécessaire, tant la persécution de l'exil et de l'échafaud avait fait de vides dans les rangs du clergé.

Baugé avait alors à sa tête un prêtre bien fait pour la comprendre : M. Montalant, une des plus belles figures parmi ces prêtres d'élite que Dieu donna à l'église d'Angers, dans ces temps où tout avait besoin d'être restauré. M. Montalant distingua le jeune enfant, et, devinant en lui une âme prédestinée au sacerdoce, il lui fit donner les premières leçons. — En 1808, M. Tendron entrait au collége de Beaupréau. D'une piété et d'un caractère aimables, ardent à l'étude, plein d'entrain pour les jeux, le jeune étudiant conquit bien vite l'affection et l'estime de ses condisciples et de ses maîtres. M. Mongazon, un si bon juge, gardera de lui le meilleur souvenir. Il le rappellera pour en faire un de ses collaborateurs, et lorsqu'il viendra, au déclin de ses années, fonder le Petit-Séminaire d'Angers, c'est lui qu'il choisira comme le conseiller et le guide de son âme. Esprit facile et laborieux, le jeune élève obtint constamment des succès dans ses études, bien qu'il eût affaire à de redoutables jouteurs, en en tête desquels se trouvait Henri Bernier. Au bout de quatre ans, M. Tendron dut quitter Beaupréau, pour suivre au Lycée le cours de rhétorique : ainsi l'exigeait la volonté impériale, mutilant tous les colléges au profit de l'Université (1). Là aussi, il trouva parmi les étudiants ecclésiastiques, des condisciples riches de toutes les qualités de l'esprit et du cœur, et il noua avec eux une amitié qui avec le temps n'a fait que se fortifier. L'un, revêtu de la pourpre romaine, occupe avec éclat le siége de Fénelon ; deux autres sont présents à cette cérémonie ; je ne puis les louer à mon aise, car leur modestie aura peine à me pardonner, même si je me borne à dire que placés à la tête de paroisses importantes, ils y sont entourés de vénération (2). — Au Lycée comme à Beaupréau, M. Tendron compta parmi les meilleurs élèves. Ainsi s'expliquent chez lui cette culture de l'esprit, ce goût pur et délicat, cette élégante facilité de parole, toutes choses qui ne sont pas seulement *les embellissements de la vie* et une source de nobles jouissances, mais contribuent encore à rendre plus aimable et plus fructueuse la sainteté elle-même.

Au Grand-Séminaire, M. Tendron retrouva celui qui lui avait ouvert le chemin du sacerdoce : M. Montalant, devenu vicaire général, fut chargé de gouverner cette Maison, jusqu'au jour où la vénérable compagnie de Saint-Sulpice, frappée alors par l'Empereur, en reprit la direction et pour toujours, nous aimons à l'espérer (3).

Pour le prêtre, tout dépend à peu près des années du séminaire, comme pour une religieuse des années du noviciat. Jusque-là, la piété de M. Tendron ne s'était jamais démentie ; mais alors on la vit tout à coup prendre un rapide accroissement. On eût dit d'un jeune arbre qui, transplanté dans un sol plus généreux, arrosé d'une eau plus vivifiante, exposé à des rayons plus chauds, grandit à vue d'œil et se couvre en abondance de verdure et de fruits. — L'un de ces amis dont je parlais tout à l'heure, s'applaudit du bien que lui firent à cette époque les exemples de M. Tendron. Celui-ci aurait pu, à juste

---

(1) Mesure prise en 1811 et qui dura jusqu'à la Restauration.

(2) M. Lasne, curé de Saint-Joseph ; M. Lorioux, curé du Lion-d'Angers.

(3) C'est de 1811 à 1814 que les Sulpiciens furent exclus des Séminaires.

*

titre, lui renvoyer le même honneur. C'est là, en effet, un des nombreux moyens qui concourent à développer la piété au séminaire et au noviciat : une sainte émulation s'allume bien vite parmi ces riches natures, pleines d'élan et de générosité, à ce point qu'il faut plutôt le frein qui modère que l'aiguillon qui excite.

Ainsi se prépara M. Tendron à la réception des ordres sacrés. Ce fut en 1818 que le sacerdoce vint les couronner.

Laissons ici pour le reprendre plus tard le fil de cette histoire. Nous pouvons maintenant étudier le caractère de la piété de M. Tendron, sa vie intime, les vertus qui le sanctifièrent et au moyen desquelles il devait sanctifier les autres. — Non pas, Mes Frères, qu'au moment où nous sommes, sa vertu eût pris tous ses développements. *La voie du juste,* selon le langage de l'Esprit Saint, *ressemble au soleil* qui nous envoie une lumière croissante depuis son lever jusqu'à son midi. — Mais la vertu chez l'homme se ressemble toujours; car si les traits de notre âme, comme ceux de notre visage, se modifient, comme eux aussi au fond ils restent les mêmes.

La sainteté, Mes Frères, est essentiellement une ; elle ne se divise pas. Pour être saint, il faut posséder toutes les vertus. Toutefois chaque saint a sa physionomie propre, ce qui tient à la prédominance de certaines vertus.

La foi, avons-nous dit, a été un des traits distinctifs de M. Tendron. La foi, non pas seulement la ferme et surnaturelle adhésion aux vérités révélées. Nécessaire à la sainteté comme l'est un fondement pour un édifice, la racine pour un arbre, si elle reste inféconde et sans influence sur notre vie, cette foi sert peu, ou plutôt elle aggrave notre condamnation. La foi qui sauve est celle qui s'empare de notre âme, la pénètre des lumières d'en haut, lui dicte ses jugements sur toutes choses, et, tout en l'éclairant, l'échauffe, l'anime et la pousse en avant. L'homme de foi est celui qui, suivant l'énergique expression de l'Apôtre, *vit de la foi*. Tel a été M. Tendron.

Homme de foi. — De là son détachement des biens de la

terre. Quand la foi est vive, est-ce qu'on peut tenir en grande estime ces biens périssables? Que pèsent-ils dans la balance pour qui sait apprécier les trésors du ciel? Quelle valeur y attache le vrai disciple du Dieu de la crèche? — Jusqu'où allait le désintéressement chez M. Tendron? Jusqu'aux dernières limites. — Après avoir exercé le saint ministère dans trois paroisses, il tomba malade. Son dénuement était si absolu que Mgr Montault dut pourvoir à tous les soins, d'ailleurs secondé admirablement par une femme dévouée que son mérite a élevée à la tête d'une communauté importante d'Angers (1). Se trouvait-il en possession de quelque argent, on eût dit qu'il en était embarrassé; il avait hâte de s'en dépouiller au profit des pauvres. Quelques livres et quelques meubles des plus simples étaient toute sa richesse. Ainsi il a vécu, ainsi il est mort, laissant toutefois à sa famille un héritage que celle-ci a la sagesse de placer au-dessus de tout, l'honneur d'un nom devenu synonyme de sainteté.

Homme de foi. — De là son humilité profonde. A se considérer dans les lumières de la foi, on constate bien vite son néant, car toute vertu est souillée à côté de la sainteté de notre grand Dieu. Puis, qu'est-ce donc qui nous a été prêché de parole et d'exemple, avec plus de force, par le souverain Maître et Modèle, Jésus-Christ? Une leçon du divin Sauveur charmait surtout ce bon prêtre : *Apprenez de moi que je suis doux et humble de cœur* (2). Et comme il s'appliqua à reproduire la douceur de Jésus-Christ, il s'appliqua aussi à imiter son humilité. — Vivre caché, c'était son bonheur. Sa réputation de sainteté lui faisait peur, il se plaignait d'être trop favorablement jugé. Un jour, qui le croirait? il reçoit, lui si inoffensif et si charitable, une lettre pleine d'injures; il a hâte de la montrer en disant : J'en bénis le bon Dieu; ces injures rétabliront l'équilibre, en faisant contrepoids à des éloges que je ne mérite pas.

(1) Mme la Supérieure des Augustines.
(2) Matth., XI-29.

Homme de foi. — De là son zèle pour le salut des âmes. Cette flamme sacrée pourrait-elle ne pas s'allumer chez un prêtre appliqué, comme il l'était, à méditer les mystères de notre sainte religion ? Quoi ! Et le ciel et la terre, et le temps et l'éternité, tout, dans les vues de Dieu, se rapporte aux âmes. Quoi ! leur salut a coûté le sang d'un Dieu. Et moi, choisi pour coopérer à cette œuvre des œuvres, je n'y mettrais pas tous mes efforts ! Ainsi se parle le vrai prêtre ; ainsi se parlait M. Tendron. Et c'est pourquoi sa vie n'a été qu'un long exercice du zèle. Disons seulement ici que la grande souffrance de ses dernières années, marquées d'ailleurs par de continuelles douleurs corporelles, c'était de se voir réduit à l'impuissance. Les âmes, les âmes, disait-il, quelle privation de ne plus leur donner des soins !

Homme de foi. — De là, enfin, son amour pour Jésus-Christ, et son union avec ce divin Sauveur. Ah ! c'est ici qu'il fait bon arrêter les yeux sur lui ; c'est ici que l'on apprend de lui le secret, la pratique et les joies de la sainteté. Parmi ceux qui l'ont connu, en est-il un seul qui ne l'ait constaté ? Parler de Jésus-Christ était son bonheur. Ce nom sacré éveillait en lui une joie qui rayonnait sur son visage. Comme saint Bernard le disait de lui-même, c'était un rayon de miel sur ses lèvres, *mel in ore*, une mélodie pour son oreille, *in aure melos*, un tressaillement de joie pour son cœur, *in corde jubilus*. Penser à la présence de Jésus-Christ lui était devenu une douce nécessité. Il le voyait devant lui, et sur cette image adorée il attachait de longs regards pleins de respect, pleins aussi d'amour. Je vous ai vu quelquefois, ô Père, livré à cette sainte contemplation, et cette vue ne s'effacera jamais de mon souvenir, pas plus que la recommandation d'user du même moyen. Vous y puisiez la sainteté ; de son cœur divin Jésus-Christ la faisait jaillir dans votre cœur. Vous y puisiez aussi des joies ineffables. Vaines jouissances de la terre, pauvres gouttes de rosée qu'un souffle emporte, qu'un rayon de soleil dévore, qu'êtes-vous auprès de ces joies profondes qui inondent une âme où se verse l'âme du Sauveur !

Il y a toujours chez ceux qui considèrent attentivement Notre

Seigneur un côté de cette figure adorable qui les charme davantage, et leur attrait principal est de le regarder et de le copier. Ce qui toucha surtout ce bon prêtre, ce qui lui apparut avec une plus vive beauté, ce fut la bénignité du Sauveur.

Aussi, chez lui, tout, au dehors et au dedans, se réglait sur cette divine douceur. La douceur était peinte sur son visage; elle coulait dans ses paroles et donnait à son accueil cet air si cordial et si engageant. Et il n'était pas besoin de le fréquenter longtemps pour savoir quelle répugnance lui inspirait tout ce qui sentait l'aigreur et la violence ou ressemblait à une contestation.

Doux, il l'a été envers tous. Qui donc n'était pas le bien-venu auprès de lui, si ce n'est qu'il gardait ses préférences pour les petits et pour les affligés. — Il l'a été envers ceux-là qui l'importunaient. Brisé de fatigue, pour consoler une âme, il s'empressait de rentrer au saint tribunal. — Il l'a été envers ceux qui lui ont témoigné des dispositions hostiles. — Il l'a été envers les souffrances et envers la mort. Les vives douleurs qui ont fait de ses dernières années un long martyre pouvaient bien lui arracher un cri involontaire, jamais une plainte. Et quand la mort lui apparut, malgré le douloureux et humiliant cortége qui l'environne, il l'accueillit avec une sérénité parfaite.

Combien une telle douceur suppose de vertus! Jamais la douceur ne s'épanouira de la sorte dans une âme qui ne sera pas pénétrée d'humilité et de charité. L'humilité et la charité, voilà les racines et la sève de cette fleur céleste. Est-ce tout? Non, Mes Frères. Il y faut encore une vigilance et une mortification continuelles pour réprimer les saillies de la nature. C'est à ces conditions et à ce prix qu'on est un homme plein de douceur, ou, si vous l'aimez mieux, plein de bonté, car la douceur n'est que la manifestation de la bonté. La bonté par laquelle on ressemble le plus au Père céleste; la bonté qui prime toutes les qualités, fût-ce même le génie.

Ici, Mes Frères, peut-être s'élève-t-il dans votre esprit une pensée qui m'a préoccupé moi-même. A être constamment si plein de foi et de douceur, M. Tendron a-t-il eu beaucoup de mérite ? N'est-ce pas comme naturellement que ces vertus ont grandi en lui ?

Ne nous y trompons pas, Mes Frères. Sans doute, M. Tendron était né avec des dispositions heureuses, *il avait reçu de Dieu une âme bien douée, sortitus sum animam bonam* (1). Toutefois les misères d'une nature viciée se font sentir, sans exception, chez tous les enfants d'Adam ; il n'en est pas un seul qui soit vertueux sans effort, sans recourir à ces *exercices* recommandés par l'Esprit-Saint, *Exerce teipsum* (2).

M. Tendron a été un homme de foi, mais c'est qu'il a employé les moyens propres à alimenter l'esprit de foi. Il s'est livré à la prière, à la méditation, au recueillement ; il a lu et relu avec application et amour le saint Evangile, les Psaumes, notamment les admirables épîtres de saint Paul. Saint Paul ! Il avait pour ce maître incomparable une admiration enthousiaste qui rappelait celle de saint Jean-Chrysostôme. Il le savait par cœur, le citait sans cesse, et jusque sur son lit de mort quand un vieil et saint ami lui disait : *Jésus-Christ est ma vie*, ses lèvres défaillantes s'empressaient d'achever le texte de l'apôtre : *Et la mort m'est un gain* (3). Voilà les exercices auxquels il s'est adonné ; c'est ainsi qu'il s'est rempli de l'esprit de foi. Autrement lui aussi, hélas! *il eût eu un voile sur le cœur* (4); ce voile qui nous cache les vérités et les beautés célestes et nous contraint à reporter nos regards avec nos affections sur les faux biens et les vains hochets de la terre.

Et pour la douceur, ne croyez pas non plus qu'elle soit *née avec lui* et n'ait été que le produit de la nature. Tous ceux qui l'ont connu s'accordent à dire qu'il était par tempérament plein de vivacité, sujet à l'impatience. Lui aussi, comme le doux saint François de Sales, sentait parfois *la colère bouillonner dans son*

---

(1) Sag., VIII-19.
(2) I Timoth., IV-7.
(3) Philip., I-21.
(4) II Cor., III-15.

cœur, pareille à l'eau sur le feu. Comme lui, c'est à force de soins qu'il amassa *goutte à goutte la rosée de la douceur dans le vase de son cœur* et qu'il parvint *à posséder son âme dans la patience* (1). Les mêmes témoignages nous apprennent que son esprit fin et observateur eût été enclin à la causticité, porté à décocher des traits piquants. Il en convenait lui-même, et ajoutait dans ce langage pittoresque et charmant que saint François de Sales n'eût pas désavoué : « J'ai fait quelquefois ce commerce ; mais » je me suis aperçu qu'il rapportait peu et j'y ai renoncé. Une » malice rentrée ne fait point de mal ; une malice lancée fait » peine aux autres et trouble la conscience ; en somme, profit » médiocre et perte considérable. »

Il importe, Mes Frères, de nous en souvenir, et pour l'éloge de M. Tendron et pour notre instruction propre : nulle vertu vraie n'est le produit de la nature seule. Qui veut posséder la vertu doit l'acheter, et elle se paye au prix de persévérants efforts.

Voilà une faible esquisse des vertus qui ornaient M. Tendron. Il a porté à l'extrême le détachement, l'amour de la pauvreté. Il a fait ses délices de l'humilité. Le zèle des âmes a été la passion de sa vie, comme l'amour pour Jésus-Christ l'attrait le plus vif de son cœur. Enfin la bonté, une bonté vraie, sincère, jaillissait en lui comme une fontaine toujours débordante et toujours intarissable, semblable à cette rosée *de l'Hermon* ou *à ces parfums qui coulaient de la tête d'Aaron jusqu'à la frange de ses vêtements* (2).

Et toutes ces vertus avaient leur principe dans la foi et dans la douceur, *in fide et lenitate ipsius sanctum fecit illum.*

Et maintenant, ô vrai prêtre, voilà que vous êtes préparé et muni pour sanctifier vos frères. Partez, élancez-vous dans la sainte carrière du zèle, parmi ces âmes qui ont tant besoin de bons prêtres pour les convertir ou les perfectionner. Allez, des succès vous attendent, *Prospere procede.* La vertu vous fera du

(1) Luc., XXI-19.
(2) Ps. CXXXII.

premier coup un ascendant victorieux, *et regna*. Vous régnerez sur les âmes parce que vous êtes un homme de foi, *propter veritatem*, un homme riche de tous les dons du ciel, *et justitiam*, mais surtout parce que vous êtes riche de cette douceur à laquelle est promise *la possession de la terre, propter veritatem et mansuetudinem et justitiam* (1).

Ce sont ces travaux couronnés de succès qu'il nous reste à raconter.

II.

Au sortir du Séminaire, M. Tendron, avec quelques autres sujets d'élite, fut appelé à Beaupréau pour y seconder M. Mongazon. Il y resta peu de temps : les besoins du saint ministère le réclamaient. Vicaire à Saint-Mathurin pendant quelques mois, il fut ensuite chargé de la cure du Thoureil, où il demeura environ cinq ans, puis de celle d'Allonnes, paroisse importante où il ne fit guère que passer.

Je m'arrêterai peu sur cette époque de sa vie. Est-ce à dire que son ministère n'eut alors rien de remarquable et ne porta que peu de fruits ? Un bon prêtre laisse toujours de son passage des traces profondes. Un demi-siècle et plus s'est écoulé depuis que M. Tendron a quitté ces populations. Interrogez les pasteurs qui lui ont succédé, même de loin. Ils vous répondront que son souvenir n'est pas encore effacé, que pendant de longues années on rappelait avec l'effusion d'une admiration émue ce pasteur charitable au point de se priver même du nécessaire, pour secourir les pauvres; ce prédicateur dont la parole était si chaude et si persuasive; ce directeur si sage qui formait les âmes à une piété aussi aimable que solide.

---

(1) Ps. XLIV.

Si je glisse rapidement ici, c'est qu'il convient d'insister sur les travaux qui ont rempli presque toute sa vie.

Vers 1825, Mgr Montault songea à doter son diocèse d'une œuvre des plus excellentes, celle des Retraites pour les personnes du monde. Sainte pensée, bien digne de préoccuper un si pieux évêque. Comme il l'écrivait à cette époque, dans une remarquable Lettre pastorale, les Retraites sont non pas seulement un moyen puissant de faire du bien aux âmes, mais encore le seul peut-être que jamais on n'employa en vain. Pourquoi la foi s'est-elle conservée si vive en Bretagne et en Vendée ? Serait-ce une erreur de croire qu'il faut en faire honneur aux Retraites toujours si populaires dans ces deux contrées ?

Comment le vénérable évêque parvint-il à réaliser son projet ? Ici, Mes Sœurs, et ce n'est pas la partie la moins attrayante de ma tâche, je dois esquisser à grands traits les origines de votre chère Maison.

L'œuvre des Retraites, née en Bretagne, fut emportée elle aussi par la tourmente révolutionnaire. Elle reparut avec le calme. Dès 1806, on vit se reformer les associations qui rendaient possibles ces saints exercices. C'étaient des femmes de dévouement et de zèle, appartenant la plupart à de nobles et riches familles. N'étant liées par aucun vœu religieux, elles demeuraient libres de quitter l'association. Dans ces conditions, on le comprend, il manquait à leur œuvre la meilleure garantie de stabilité. Quelques-unes se résolurent à enchaîner irrévocablement leur vie à de si saintes occupations. Fortes de l'approbation des évêques intéressés (1), secondées par un saint curé (2), elles quittèrent la maison de Quimperlé et vinrent se fixer dans l'antique cité de Saint-Convoïon. En arrivant de Nantes à Redon, on aperçoit, en face, un vieux monastère occupé avant la Révolution par des Bénédictines, construction à la fois vaste et modeste,

(1) Mgr de Mannay, évêque de Rennes, et Mgr de Crousseilles, évêque de Quimper.

(2) M. Hattais, curé de Saint-Sauveur de Redon.

assise au sommet d'un coteau, dont les flancs sont couverts d'arbres séculaires et les pieds baignés par la Vilaine. Tel fut le berceau du nouvel Institut.

Sur ce berceau Dieu répandit en abondance les bénédictions de la ferveur, du dévouement, de l'esprit religieux; il y joignit celle de l'épreuve, car Dieu imprime toujours aux œuvres qui lui sont chères le sceau de sa croix. — Les Retraites commencèrent, elles ont continué jusqu'à nos jours, et avec un tel succès, que récemment on a compté à l'une de ces Retraites plus de trois cents hommes. — Brûlantes de zèle, les nouvelles religieuses, quoique en petit nombre, songèrent bientôt à élargir le champ de leurs travaux. L'Anjou attira leurs regards; et il se trouva que leurs pieux désirs coïncidaient avec ceux de Mgr Montault. Bientôt trois religieuses vinrent se mettre à la disposition du saint évêque (1). Après avoir habité quelque temps la demeure occupée aujourd'hui par les sœurs de Saint-Gildas, au Tertre, elles firent l'acquisition de cette maison même, destinée à devenir bientôt la Maison-Mère de l'Institut (2).

Il restait à trouver des prêtres aptes à diriger les Retraites, et, dans l'intervalle, à prêcher des missions. A l'appel de Monseigneur, des curés n'hésitèrent pas à sacrifier des postes importants. M. Tendron était du nombre. Une petite société de missionnaires diocésains fut formée, ayant à sa tête le vénérable M. Monsallier. C'était en 1826, moins de six ans après la fondation de Redon et quelques mois seulement après la fondation d'Angers (3).

Missionnaires et religieuses se mettent à l'œuvre, animés d'une ardeur égale pour la gloire de Dieu et le salut des âmes. Celles-

---

(1) 12 mars 1826.

(2) Le 3 mai 1826. Cette propriété avait appartenu au Séminaire. Elle devint, à la suite de la Révolution, une loge de Francs-Maçons. A l'époque où les Religieuses en firent l'acquisition, Mgr Montault l'avait louée pour le Séminaire. C'est dans l'ancienne chapelle que se tenaient les réunions maçonniques.

(3) Les membres de cette société étaient : M. Monsallier, supérieur; M. Tendron ; M. Lorioux, auparavant curé de Saint-Aubin des Ponts-de-Cé, et M. Allory aîné. Ce dernier succomba bientôt, laissant une réputation de sainteté angélique.

ci comprennent la grâce insigne qui leur est offerte ; elles se présentent en foule ; au bout de deux ans et demi, douze retraites avaient été données, et le nombre des hommes et des femmes qui les avaient suivies s'élevait à deux mille sept cents.

A la distance où nous sommes de ces temps, j'allais dire héroïques, difficilement nous pouvons nous former une idée du zèle déployé par les religieuses et par les ouvriers évangéliques. Tout manquait, mais l'abnégation et le dévouement suffisaient à tout. L'historien de l'église d'Angers, arrivé à cette époque, aura une belle page à écrire. Je dois me borner à dire que M. Tendron se dépensa sans mesure à l'œuvre des retraites et des missions. Prêcher, entendre les confessions, sans reculer devant aucune fatigue, telle fut alors sa vie, et je dois ajouter, dussé-je blesser encore une fois la modestie d'un vénérable curé que j'ai sous les yeux, telle fut celle de ses collaborateurs. — J'ai besoin aussi de payer un tribut d'hommages aux prêtres zélés qui partageaient avec eux le travail des confessions.

La petite société de missionnaires ne devait pas subsister longtemps, elle se dispersa vers 1830. Des jours mauvais pour la religion s'étaient levés, et ils ne comportaient plus les missions auxquelles elle se livrait dans l'intervalle des retraites que donnait cette Maison. Les missions cessèrent peu à peu, mais non pas les retraites. La Providence préparait d'autres tâches à M. Tendron.

A peine arrivées sur le sol angevin, avant même de s'établir dans la Maison actuelle, les religieuses de la Retraite ouvrirent un pensionnat. Ce ne fut pas sans répugnance, car jamais elles ne s'étaient proposé un tel but. Elles durent céder aux sollicitations réitérées de Mgr Montault. Dieu se chargea de récompenser leur déférence pour les désirs du saint évêque. Le grain de sénevé allait devenir cet arbre aux rejetons vigoureux que vous connaissez. Arrivera le moment où plus de six cents enfants recevront, dans les pensionnats de la Retraite, une éducation justement appréciée. Et, à ce nombre, il convient d'ajouter celui des enfants pauvres, pour lesquelles la Congrégation est si heureuse d'ouvrir des écoles gratuites, les regardant comme un gage de bénédiction et de prospérité.

Disons dès maintenant que le siége de la Maison-Mère ne tarda pas à être transféré de Redon à Angers, transfert qui entraînait celui du noviciat.

Ainsi les retraites pour les personnes du monde ; le soin d'une communauté et du noviciat de la Congrégation ; enfin la direction de nombreuses élèves, telle est la tâche destinée à M. Tendron ; tels sont les champs variés dont le Père de famille lui confie la culture, en l'appelant aux fonctions d'aumônier de la Retraite.

Comment est-ce qu'il envisagea la vie qui lui était faite ? Comment est-ce qu'il en soutint l'honneur et le poids ?

Ah ! cette vie lui parut belle entre toutes, et combien de fois ne l'a-t-on pas entendu s'applaudir du partage qui lui était échu ! Il y a tant à gagner pour soi-même au contact de ces âmes choisies qui ont tout sacrifié pour acquérir le trésor de la perfection ! En même temps qu'un saint prêtre les pousse en avant, il se sent pressé de marcher toujours, parce que c'est en tête que se trouve la place du guide. Belle vie, mais qui exige avec beaucoup de travail beaucoup de qualités.

Nous avons étudié celles de M. Tendron, en particulier son esprit de foi et sa douceur. Ces vertus l'ont bien servi dans l'accomplissement de sa tâche ; elles l'ont sanctifié, et, par elles, il a sanctifié les autres.

D'abord, elles réglèrent son extérieur. C'est l'esprit de foi qui lui imprima ce cachet de gravité tant recommandé au prêtre et plus nécessaire en certaines positions. En lui conseillant la garde des sens, en tenant habituellement ses yeux baissés, de bonne heure il courba sa tête au point qu'elle ne pouvait se relever sans douleur. Mais cette gravité n'avait rien qui éloignât, tempérée qu'elle était par une exquise douceur.

La foi, c'est elle aussi qui lui traça son genre de vie. Il reste là enchaîné à sa tâche ; il renonce à des distractions permises, mais qui auraient le tort de le dérober à son travail. L'enceinte de la Retraite, voilà tout son horizon ; la chapelle et son humble demeure se partagent toutes ses journées. Il n'en sort guère que pour aller annoncer la parole sainte, ou présider ces pieuses réunions où des prêtres zélés puisent dans ses entretiens le renouvellement de leur ferveur. Et dans cette demeure que fait-il ? Il prie, il médite, il remplit son âme des grâces qu'il versera ensuite dans les autres âmes. Je ne puis penser à une telle vie sans que me revienne en mémoire un admirable passage de nos Livres Saints :

« Heureux l'homme qui coule ses jours en paix, à l'ombre de » la maison de Dieu, *Beatus qui requiescit juxta domum illius ;* » dont l'humble cellule est comme appuyée à ces murs sacrés, » *statuet casulam ad manus illius*. Vivant sous la main pour ainsi » dire de son bon Maître, il pense sans cesse à son regard divin, » à son cœur si aimant, *cogitabit circumspectionem Dei*. Etudiant » les lois et la conduite de son Dieu, il parvient à en pénétrer » les secrets, *qui excogitat vias illius*. Sa demeure s'enri- » chira de tous les biens, *requiescent in casulâ illius bona per* » *ævum* (1). »

Suivons-le maintenant auprès des âmes.

Prêcher, confesser, voilà les fonctions qui remplissent sa vie. Regardons-le dans la chaire. Il n'y monte pas seul ; à côté de lui s'asseyent *la foi et la douceur*. Rien qu'à le voir, on se dit que ce n'est pas l'homme qui paraît, mais le prêtre ; à l'entendre, on sent qu'il ne s'inspire pas de lui-même, mais de Dieu. Sa parole trouve facilement le chemin des esprits, parce qu'elle est claire, limpide, exempte de recherches, n'ayant rien de ces formes prétentieuses réprouvées à la fois par le bon goût et par la simplicité évangélique. Elle se fraye aisément le chemin des cœurs, parce qu'elle est toute pénétrée d'onction. Elle est instructive et féconde, parce que, au lieu de côtoyer l'Evangile et de n'en recevoir que des reflets douteux, elle y entre en plein et s'en assimile la substance.

---

(1) Eccli., XIV-23 et suiv.

Mais c'est au saint Tribunal que M. Tendron a passé la plus grande partie de sa vie ; là aussi qu'il a fait le plus de bien aux âmes et cueilli pour lui-même des mérites plus abondants. Qui comptera les heures qu'il a consacrées à ce travail fécond, mais si laborieux ! Toujours prêt, toujours à la disposition de tous, parce que sa foi et sa bonté ne pouvaient laisser une âme se débattre seule contre ses tentations ou ses défaillances, que de fois on l'a vu rentrer au saint Tribunal, malgré la fatigue, et, faisant taire les impatiences de la nature, étonner par un surcroît de douce charité.

Dire que ce ministère était de son goût, serait-ce diminuer son mérite ? Oh ! Messieurs, ce goût ne persiste que chez les prêtres dévoués ! Heureux d'ailleurs, comme on l'a écrit, ceux qui mettent leur bonheur dans leur devoir !

Parmi ceux qui ont été dirigés par M. Tendron, nul n'oubliera le caractère de ses exhortations, commentaires inspirés par une tendre piété des textes de l'Evangile, de saint Paul ou du Livre d'or de *l'Imitation*. N'est-il pas vrai qu'à l'entendre, *le cœur s'échauffait* (1), et que toujours on emportait d'auprès de lui un attrait plus vif pour Notre-Seigneur ?

Ce serait à vous de parler ici, âmes amenées par la grâce, aux exercices des retraites. En quel état arriviez-vous ? Blessées, toutes saignantes des coups du péché ? Comme le bon samaritain versait le baume sur vos plaies ! Embarrassées dans les épines douloureuses du mal ? Comme il savait vous en dégager ! Inquiètes sur vos devoirs ? Comme il vous éclairait ! Eprises peut-être du désir d'une vie plus parfaite ? Comme il vous encourageait ! — Jamais, Mes Frères, à moins d'avoir travaillé à ces retraites, on ne comprendra les merveilles de grâce qui s'y opèrent, ni quelle reconnaissance emportent les âmes qui ont rencontré là des hommes de Dieu. Sans aucun doute, c'est à ces retraites que M. Tendron a dû, pour une large part, sa réputation de sainteté et de bonté, répandue jusqu'aux limites du diocèse et au delà.

(1) Luc, XXIV-32.

J'arrive aux soins qu'il vous a donnés, Mes Chères Sœurs, vous, *sa joie et sa couronne* (1). Ah ! ici, prêtez-moi vos sentiments. Il me les faudrait pour exprimer et votre gratitude et le dévouement intelligent qu'il vous a consacré pendant un demi-siècle. — Son esprit de foi lui avait fait comprendre ce qu'est la vie religieuse, où croissent les fleurs célestes qui se nomment chasteté, pauvreté, obéissance, zèle des âmes, désirs ardents de perfection, fleurs sans beauté, de nul prix aux yeux des hommes, mais qui embaument le monde et le préservent de la corruption ; la vie religieuse où des cœurs purs et mortifiés font monter tant de prières et de sacrifices qui s'interposent entre les péchés de la terre et les foudres du ciel ; la vie religieuse enfin où Dieu reçoit la plus haute gloire, car rien ne le glorifie à l'égal de ces âmes qui, gravissant *les mystérieuses ascensions* (2) de la sainteté, s'approchent toujours plus près de lui, et reflètent de plus en plus ses perfections. Cette vie lui apparaissant avec tant de beauté et de grandeur, il se dit, comme saint Cyprien, qu'il y devait mettre tous ses soins, *quo sublimior gloria est, major et cura est* (3). Aussi avec quelle sollicitude il formait celles qui venaient recruter vos rangs, s'appliquant à les prémunir contre les tentations si pénibles qui suivent le sacrifice de la séparation, et à les remplir de l'esprit de leur vocation sainte ! Quelle joie pour lui le jour où, en se donnant à Dieu, elles se donnaient à elles-mêmes un gage de prédestination ! Comme il les suivait avec un tendre intérêt dans tout le cours de leur carrière, partageant, de cœur, leurs joies et leurs peines, s'applaudissant de leurs progrès, les encourageant dans leurs efforts, les consolant dans ces peines de l'âme mille fois plus cuisantes que toutes les souffrances du corps ! Et lorsque, pliant sous le poids des années, ou minées trop tôt par le travail, elles allaient succomber, de quelles radieuses espérances il entourait leurs der-

---

(1) Philip., IV.
(2) Ps. LXXXIII.
(3) De disc. Virginum.

niers moments ; comme il savait leur parler de l'Epoux divin qui, du haut des collines éternelles, les appelait à ceindre l'immortelle couronne : *Veni, coronaberis* (1). Aussi la mort changeait de face, elle apparaissait comme une consolante messagère ; les âmes se dégageaient doucement des liens terrestres, et, en s'envolant, laissaient sur les visages comme le reflet d'une glorification anticipée. Et l'on se retirait en disant : Quelle est donc bonne la vie religieuse, puisqu'elle s'achève avec une si triomphante sécurité ! *Moritur fiducius* (2).

Votre congrégation, Mes Sœurs, était tout pour ce vénérable prêtre. C'est qu'aussi il l'avait vue naître, petite, faible d'abord, puis grandir et se développer sous la bénédiction de Dieu. Sa meilleure joie était de recueillir les témoignages rendus à l'esprit religieux de ses Filles. Il est vrai, c'était son propre éloge, car, de tout le bien qui s'est fait ici et s'y fera à l'avenir, une large part revient de droit au digne aumônier. Aussi, le nom de M. Tendron et celui de la Retraite se confondent, pour ainsi dire, et, en se confondant, s'impriment l'un à l'autre un cachet d'honneur.

Chères Enfants, je sens votre juste impatience : il vous tarde d'entendre proclamer ce que le vénérable M. Tendron était pour vous et ce que vous étiez pour lui. Ah ! vous partagiez, avec vos secondes mères, ses meilleures affections, et s'il les aimait tant, c'était beaucoup à cause de vous-mêmes et du bien qu'elles vous font. Il n'avait pas d'occupation plus chère que celle de cultiver vos jeunes âmes, ni de plus douce jouissance que d'y voir croître une piété solide et aimable, solide pour résister aux séductions du monde, aimable pour exercer une heureuse influence. Comme son cœur se dilatait en vous parlant, et aussi comme il était heureusement inspiré ! — Vous ignorez peut-être un fait qui ne saurait manquer de vous émouvoir. Quand il lui fallut renoncer à vous diriger, ainsi l'exigeaient les infirmités de sa vieillesse,

(1) Cant., IV.
(2) S. Bern.

ce fut pour lui le plus vif chagrin qu'il eût jamais éprouvé. Le cœur du bon vieillard se fendit, ses yeux se mouillèrent de larmes, et il jeta ce cri : Renoncer à ces chères enfants, jamais ; je ne le puis ! Et il dut, pour consentir ce sacrifice, faire appel à sa foi et se fortifier par la prière. — Une pensée toutefois le consola : c'est qu'il vous remettait aux mains d'un successeur, en qui il se voyait revivre, de même qu'il trouvait en lui l'affection et les délicatesses d'un fils.

De votre côté, Chères Enfants, vous entouriez le vénérable aumônier de tous vos respects et de toute votre reconnaissance. Ah ! n'est-il pas vrai qu'au retour des vacances vous avez senti, vous aussi, qu'un grand vide s'était fait dans votre chère Retraite, et, qu'en jetant les yeux sur sa demeure déserte, vos cœurs se sont douloureusement serrés ? De tels sentiments sont pour vous un bel éloge : il n'est que juste de l'étendre à vos aînées qui gardent, à la fois, un souvenir si fidèle au berceau de leur éducation et à celui qui fut le père de leurs âmes.

Tels ont été, à la Retraite, pendant plus d'un demi-siècle, les travaux bénis de M. Tendron. Comme elles s'appliquent bien à lui ces paroles du Psalmiste : *Ego autem sicut oliva fructifera in domo Domini* (1). Oui, planté dans la maison de Dieu, il a été un olivier fécond, cet arbre qui se couronne de fruits, d'où se tirent, avec une liqueur brillante et parfumée, la lumière, la force et la douceur. Heureuse différence ! Tandis que les arbres terrestres se découronnent avec l'âge et se dessèchent, le juste *multiplie ses fruits dans une vieillesse féconde, adhuc multiplicabuntur in senecta uberi* (2).

Toutefois, Mes Frères, un fruit manquait peut-être à cet arbre, avant les dernières années ; celui qui mûrit dans l'épreuve : la patience. — Car en regardant, même de près, dans cette vie, on a peine à y voir beaucoup de souffrances. A vrai dire, le travail incessant est bien aussi une souffrance, et les belles langues

(1) Ps. LI.
(2) Ibid.

anciennes, si philosophiques, expriment les deux choses par le même mot. Mais la souffrance proprement dite viendra aussi pour M. Tendron ; Jésus-Christ imprimera jusqu'au plus vif de sa chair le sceau de la Croix.

Sa santé robuste s'altéra sous les contraintes du travail. Les souffrances commencèrent pour aller toujours en s'aggravant. Surtout, lorsqu'il eut franchi ces limites au-delà desquelles il n'y a guère que de la douleur, *præterea labor et dolor* (1), elles devinrent habituelles et parfois tellement vives qu'elles lui arrachèrent souvent des cris. Mais ces cris, comme il le disait lui-même, *ne prouvaient rien*, rien, du moins contre ses dispositions intimes.

La foi et la douceur s'assirent auprès du bon vieillard et firent de lui comme un spectacle de patience. Il est réduit presque à l'immobilité. Il souffre du poids de l'âge, il souffre d'un mal aigu ; il souffre de ne pouvoir ni exercer son zèle, ni monter au saint autel, privation la plus douloureuse pour un prêtre tel que lui. N'importe, sa douceur ne se dément pas, toujours bon, toujours aimable et gracieux. Et quand on le plaint, il répond : Ah ! je ne voudrais pas qu'une seule de mes douleurs me fût épargnée ; ce sont autant de présents de la main du bon Maître. J'apprécie jusqu'à cette oisiveté forcée qui me donne plus de temps pour penser à cet aimable Sauveur et me préparer à la mort qui approche.

La mort approchait en effet : c'est donc le moment de dire toute la vénération qui entoura le digne Prêtre pendant sa vie.

Je ne puis que rappeler cette belle fête de sa cinquantaine de sacerdoce, fête si touchante par le zèle de ses filles spirituelles, par le concours de tant de prêtres ayant à leur tête Mgr Angebault, un nom que je ne puis prononcer ici, aujourd'hui surtout, sans une émotion qui sera partagée.

Mgr Angebault, M. Tendron ! Bons et nobles vieillards, vous

---

(1) Ps. LXXXIX.

qui saviez si bien aimer et si bien aussi inspirer l'affection, quelle sainte amitié régnait entre vous !

La vénération, elle se manifesta par la confiance du clergé. A l'exemple de M. Mongazon, de Mgr Angebault, de Mgr Bompois, de si douce mémoire, beaucoup de prêtres avaient choisi M. Tendron pour être le dépositaire et le guide de leurs consciences ; plusieurs, pour profiter de sa direction, n'hésitaient pas à affronter de longues distances !

La vénération, elle se produisit avec éclat dans la confiance publique. On estimait que le bon Prêtre jouissait auprès de Dieu d'une puissance peu ordinaire, au point d'obtenir des faveurs signalées. Des rangs du peuple cette conviction gagna les rangs élevés de la société. Etait-elle fondée? On sent toutes les réserves qu'impose ici la prudence. Ce qui est incontestable, c'est que, dans les dernières années surtout, on venait jusque des diocèses voisins solliciter les prières du bon vieillard, et lui amener des infirmes ; c'est que plusieurs ont déclaré qu'ils avaient été soulagés ou guéris, et que la reconnaissance a éclaté, une fois, dans une éloquente publicité. A tout le moins il y a là un hommage dont les exemples sont rares. Qui donc, parmi nous, même dans le cours de bien des années, a vu autour de soi un homme entouré d'une égale confiance et d'une pareille vénération? Et M. Tendron ne s'en est montré indigne ni dans sa vie ni dans sa mort.

Sa mort, elle fut édifiante et douce comme celle qu'il préparait aux autres. Aucune consolation ne lui a manqué. Ses pieuses filles l'ont entouré, nuit et jour, des soins les plus délicats. Des prêtres animés aussi d'un sentiment filial, ont essayé de lui payer en dévouement le bien qu'il leur avait fait (1). Son évêque a béni ses derniers moments, et, précieuse marque d'estime, lu a demandé d'offrir ses souffrances pour le bien du diocèse. — Mais comment dire sa calme sérénité, son esprit de foi ; comment peindre les tressaillements de son âme et les sourires de ses lèvres dès qu'il entendait prononcer le nom de son Maître

(1) MM. Ledoyen et Seigneret.

adoré, et, quand il reçut la visite suprême de cet Ami divin, son attitude et ses joies? Enfin, au moment où l'on récitait à côté de lui ces paroles : *Notre Père, qui êtes aux cieux,* ses yeux pesamment fermés s'ouvrirent et se portèrent vers le ciel ; ils se refermèrent bientôt, hélas ! et pour toujours.

A partir de cet instant, pendant les trois jours qui précédèrent la sépulture, il y eut comme une explosion de la vénération publique. La salle où était exposée la dépouille mortelle fut, pour ainsi dire, assiégée. Des enfants infirmes, portés sur les bras de leurs mères, criaient qu'ils voulaient toucher le *saint;* des milliers d'objets furent présentés pour être sanctifiés par ce contact. Cette réputation de sainteté a rendu possible le privilége auquel le bon vieillard attachait tant de prix, celui de reposer après sa mort dans l'enceinte de sa chère Retraite. Elle lui a valu les honneurs qui ont entouré ses obsèques, un concours pareil à celui que nous avons sous les yeux, et au milieu de ces fidèles et de ces prêtres, les paroles émues d'un prélat, interprète des sentiments de tous, en faisant l'éloge de sa bonté et en le montrant *introduit par les Anges*, il l'espérait, *dans les joies du Paradis* (1).

Serait-ce une illusion, Mes Frères? Nous tromperions-nous dans l'opinion que Dieu lui a destiné, en effet, le séjour des bienheureux? — Mon Dieu, s'il en était ainsi, combien parmi nous, en rapprochant leur vie d'une telle vie, auraient lieu de trembler? Qui donc serait jugé digne d'*habiter dans vos tabernacles et de reposer sur votre montagne sainte* (2), si vous en bannissiez celui dont *le cœur et les mains ont été si purs* (3), celui dont un vénérable religieux, juge plus compétent que personne, a déclaré *qu'il n'avait jamais*, dans sa longue carrière, *connu un prêtre plus accompli* (4).—Non, non, telle n'est pas l'idée que nous

(1) Mgr Chesneau, vicaire-général.
(2) Ps. XIV.
(3) Ps. XXIII.
(4) Le R. P. Chaignon.

devons nous faire de notre Dieu. *Il veut le salut et non la perte* (1). Ce n'est pas en vain que Jésus-Christ est venu *nous chercher à travers tant de fatigues, quærens me sedisti lassus, qu'il nous a rachetés en mourant sur une croix, redemisti crucem passus. Tout ce travail divin ne peut pas être inutile, tantus labor non sit cassus.* Dieu de miséricorde, il accueille tous les *hommes de bonne volonté* (2), et il donne une place de choix à ceux qui ont vécu comme ce vrai prêtre. Ah! sans doute, ici la pleine certitude nous échappe; peut-être les plus purs, en quittant cette terre souillée, ont-ils encore besoin de purification. Mais nous avons prié et nous prierons encore; le sang de la grande Victime a coulé et coulera sur l'autel. Voilà pourquoi l'espérance triomphe dans nos cœurs. Au début de ce discours, je voyais l'image de M. Tendron sur cette terre. Elle m'apparaît maintenant plus belle mille fois, dégagée des ombres et des scories terrestres. Je le vois ce bon prêtre et je vois autour de lui la foule nombreuse des élus auxquels il a ouvert les portes du paradis : chœurs de vierges, chœurs de jeunes enfants, chœurs de tous ceux qu'il a sauvés dans les retraites. Tous le saluent encore du nom de Père et inclinent devant lui leurs palmes triomphales. Et lui, le cœur débordant de joie, s'applaudit... O Père, nous nous applaudissons avec vous; car vous nous ferez bénéficier de votre bonté centuplée et de votre puissance auprès de Dieu. Vous prierez pour la Sainte Eglise et pour son auguste Chef, dont vous appeliez si ardemment le triomphe. Vous dont la main aimait tant à bénir, vous bénirez votre chère Retraite, vos filles et ces enfants que l'on verra si souvent agenouillées ensemble sur votre tombe. Vous bénirez vos parents, si heureux de votre réputation de sainteté; ces pieux fidèles si édifiés de vos vertus; ces prêtres enfin si désireux de vous ressembler ici-bas ; nous aidant tous à conquérir ce beau Ciel dont vous saviez si bien nous parler. Ainsi soit-il!

(1) Ezech., XVIII.
(2) Luc, II.

Angers, imp. E. Barassé.

www.ingramcontent.com/pod-product-compliance
Ingram Content Group UK Ltd.
Pitfield, Milton Keynes, MK11 3LW, UK
UKHW020407250726
13967UKWH00006B/2512